DU KANNST.
ENDE DER GESCHICHTE.

Und diese 50 Motivationskärtchen sollen dich Tag für Tag daran erinnern. Die Zitate von berühmten Frauen erweitern deinen Horizont und bringen dich weiter – egal, welcher Herausforderung du gerade entgegenblickst.
Zieh gleich die erste Karte und lass d[illegible]

Friedrichstr. 9, D-80801 München

Illustrationen: Carina Lindmeier
Gestaltung Cover: Magda Rawicka
Gestaltung Innenteil: Vanessa Weuffel
Text: Elke Amberg
Fotos Innenteil: www.shutterstock.com: Adhivaswut, Agafonov Oleg, alexkoral, Ann in the uk, Bhakpong, Charisia, ChocoPie, Daniil_98_03_09, Gorloff-KV, Here, Hitdelight, irabel8, Kogorash, Lynne Nicholson, lzf, Melnikov Dmitriy, MustafaAksit, Naoki Kim, SHINPANU, SmLyubov, Soho A Studio, Stacey Newman, Teo Tarras, vanilla22, water background, Xeniia X

ISBN: 978-3-8458-6295-8

www.arsedition.de

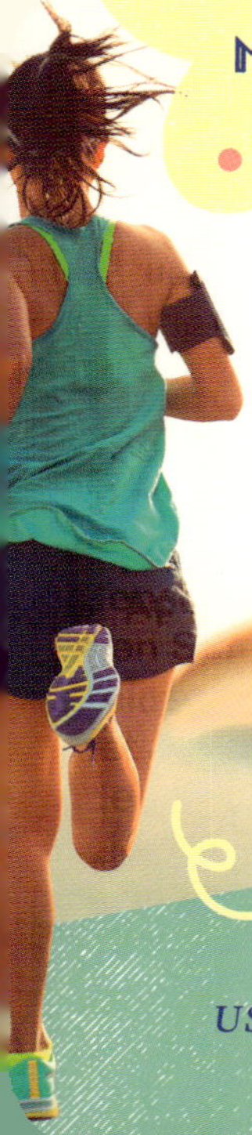

MEIN TRAINER SAGTE:
DU RENNST WIE EIN MÄDCHEN.

ICH ERWIDERTE:
DU MUSST NUR EIN BISSCHEN SCHNELLER LAUFEN, DANN KANNST DU DAS AUCH.

Mia Hamm,
US-Fußballerin, geb. 1972

WENN DU EINE GUTE IDEE HAST, *dann tu es einfach. Denn es ist* EINFACHER, *um Vergebung zu bitten als um* ERLAUBNIS.

Lady Ada Lovelace, britische Mathematikerin und erste Programmiererin, 1815–1852

FRAUEN,
DIE NICHTS FORDERN,
WERDEN BEIM WORT
GENOMMEN – SIE
BEKOMMEN NICHTS.

*Simone de Beauvoir,
französische Philosophin und
Feministin, 1908–1986*

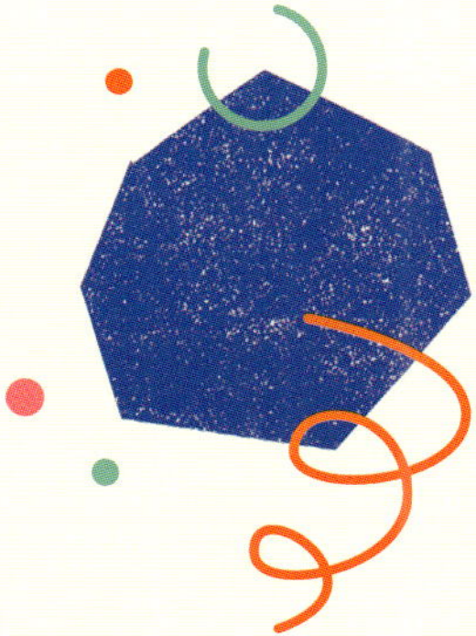

ICH HABE GELERNT,
DASS ERFOLG KEINE FRAGE
DES GESCHLECHTS IST.
ES GEHT DARUM,
SICH SELBST ZU VERTRAUEN,
MUTIG ZU SEIN UND SICH
NICHT VON STEREOTYPEN
EINSCHRÄNKEN ZU LASSEN.

Angela Merkel,
ehem. deutsche Bundeskanzlerin,
geb. 1954

Ich kann euch sagen, was Freiheit für mich bedeutet:
OHNE ANGST LEBEN.

Nina Simone,
afroamerikanische Sängerin und Bürgerrechtsaktivistin, 1933–2003

Die meisten Menschen geben ihre **MACHT** *auf, indem sie* **DENKEN**, *sie hätten keine.*

Alice Walker,
afroamerikanische Schriftstellerin und politische Aktivistin, geb. 1944

DIE ALLERMUTIGSTE HANDLUNG IST IMMER NOCH, SELBST ZU DENKEN. LAUT.

Coco Chanel,
französische Modedesignerin,
1883–1971

WENN DU ETWAS GESAGT HABEN WILLST, *frage einen Mann*; WENN DU ETWAS ERLEDIGT HABEN WILLST, *frage eine Frau*.

Margaret Thatcher,
erste Premierministerin des
Vereinigten Königreichs, 1925–2013

UM NACH VORNE ZU KOMMEN UND DORT ZU BLEIBEN, KOMMT ES NICHT DARAUF AN, WIE GUT DU BIST, **WENN DU GUT BIST,** SONDERN WIE GUT DU BIST, **WENN DU SCHLECHT BIST.**

Martina Navratilova,
amerikanisch-tschechische
Tennisspielerin, geb. 1956

Tu das, was du für richtig hältst, es wird immer jemanden geben, der ANDERS *denkt.*

Michelle Obama,
ehemalige First Lady der USA,
geb. 1964

WENN DU FLIEGEN WILLST, MUSST DU DIE SACHEN LOSLASSEN, DIE DICH RUNTERZIEHEN.

Toni Morrison,
erste afroamerikanische Literatur-nobelpreisträgerin, 1931–2019

Es gibt **FRAUEN**, *die sind schon immer für Frauen. Frauen müssen lernen, solche Frauen zu erkennen. Frauen müssen auch lernen zu erkennen, wer ihre* **FREUNDINNEN** *sind.*

Janice Raymond,
US-amerikanische Sozialwissenschaftlerin und Aktivistin gegen Prostitution,
geb. 1943

Das Wichtigste
IST DAS HEUTE.

Liza Minelli,
US-amerikanische Schauspielerin,
geb. 1946

AKZEPTIERE NIEMALS DIE ERKLÄRUNG *»Weil du eine Frau bist …«* ALS GRUND DAFÜR, WARUM DU ETWAS TUN ODER LASSEN SOLLST.

Chimamanda Ngozi Adichie,
nigerianische Schriftstellerin,
geb. 1977

UNSERE TRÄUME KÖNNEN WIR ERST DANN VERWIRKLICHEN, WENN WIR UNS DAZU ENT-SCHLIESSEN, EINMAL DARAUS ZU ERWACHEN.

Josephine Baker,
amerikanisch-französische Tänzerin
und Résistance-Kämpferin,
1906–1975

Willst du das Große groß vollbringen, musst du der eignen Kraft vertrau'n. Musst du im kühnen Weiterringen, nie seitwärts, immer vorwärts schau'n!

Louise Otto-Peters, Schriftstellerin und Mitbegründerin der deutschen Frauenbewegung, 1819–1895

DAS EINZIGE GEFÄNGNIS IST DIE ANGST, UND DIE EINZIGE FREIHEIT IST DAS FREISEIN VON ANGST.

Aung San Suu Kyi,
Politikerin und Freiheitskämpferin
aus Myanmar, geb. 1945

Kämpfe für die Dinge,
die dir wichtig sind.
ABER KÄMPFE SO,
dass sich dir andere
ANSCHLIESSEN *wollen!*

Ruth Bader Ginsburg,
US-amerikanische Juristin und erste
Frau im Supreme Court, 1933–2020

WIR SIND FREI,
DIE WELT ZU VERÄNDERN
UND ETWAS NEUES IN IHR
ZU BEGINNEN.

Hannah Arendt,
jüdische deutsch-amerikanische
Philosophin, 1906–1975

DU SOLLTEST NIEMALS
ANGST HABEN VOR DEM,
WAS DU TUST,
WENN ES DAS RICHTIGE IST.

Rosa Parks,
US-amerikanische
Bürgerrechtlerin, 1913–2005

Hindernisse und Schwierigkeiten sind Stufen, auf denen wir in die Höhe steigen.

Steffi Graf,
deutsche Weltspitzen-Tennisspielerin, geb. 1969

DIE VON ANDEREN GELERNTE WAHRHEIT IST WERTLOS. DIE EINZIGE LEBENDIGE UND WIRKSAME WAHRHEIT, DIE ECHTEN WERT HAT, IST DIE, DIE WIR SELBST ENTDECKEN.

(frei übersetzt)

Alexandra David-Néel,
französische Schriftstellerin,
1868–1969

Aufhören können, das ist nicht eine Schwäche, das ist eine STÄRKE.

Ingeborg Bachmann,
österreichische Schriftstellerin,
1926–1973

ES IST NIE ZU SPÄT,
DAS ZU WERDEN,
WAS DU SEIN KÖNNTEST.

George Eliot, Pseudonym für Mary Ann Evans, englische Schriftstellerin, 1819–1880

DER STURM WIRD IMMER STÄRKER. DAS MACHT NICHTS, ICH AUCH.

Pippi Langstrumpf

Astrid Lindgren, schwedische Schriftstellerin, 1907–2002

SCHÖNHEIT EMPFINDET MAN NUR ALS SCHÖN, WENN MAN DEN KONTRAST DAZU WAHRNIMMT.

Anne-Sophie Mutter,
deutsche Violinistin, geb. 1963

Hilf mir, es SELBST *zu tun. Zeig mir, wie es geht. Tu es nicht für mich. Ich kann und will es allein tun.*

Maria Montessori, italienische Ärztin und Reformpädagogin, 1870–1952

DIE SCHWIERIGSTE SACHE IST DIE ENTSCHEIDUNG ZU HANDELN, DER REST IST NUR ZÄHIGKEIT.

Amelia Earhart,
amerikanische Flugpionierin,
1897–1939

ICH KANN IN ZWÖLF SPRACHEN NEIN SAGEN. DAS IST UNERLÄSSLICH FÜR EINE FRAU, DIE WEIT HERUMKOMMT.

Sophia Loren,
italienische Schauspielerin,
geb. 1934

»Was immer du machst, mach es anders.« – MEINE MUTTER HAT MIR DIESEN RATSCHLAG GEGEBEN UND ICH KANN MIR KEINEN BESSEREN RAT FÜR UNTERNEHMER VORSTELLEN. *Wenn man anders ist, fällt man auf.*

Anita Roddick,
britische Unternehmerin,
1942–2007

Die Freunde, die man MORGENS UM VIER *anrufen kann, die zählen.*

Marlene Dietrich, deutsch-amerikanische Schauspielerin, 1901–1992

SCHÖPFERISCHE GEMÜTER HABEN IMMER GEWUSST, WIE SIE JEDE ART VON SCHLECHTER ERZIEHUNG ÜBERLEBEN.

Anna Freud,
österreichische Psychoanalytikerin,
1895–1982

Dass uns eine Sache fehlt, sollte uns nicht davon abhalten, ALLES ANDERE ZU GENIESSEN.

Jane Austen,
englische Schriftstellerin, 1775–1817

Man darf hinfallen im Leben, **ABER LIEGEN ZU BLEIBEN,** *ist ein Fehler.* **AUFSTEHEN** *das Richtige!*

Rosi Mittermaier,
deutsche Skirennläuferin,
1950–2023

WIR MÜSSEN AKZEPTIEREN, DASS WIR NICHT IMMER DIE RICHTIGEN ENTSCHEIDUNGEN TREFFEN WERDEN – DASS WIR MANCHMAL RIESIGE FEHLER MACHEN WERDEN. WIR MÜSSEN VERSTEHEN, DASS SCHEITERN NICHT DAS GEGENTEIL VON ERFOLG IST – ES IST BESTANDTEIL DAVON.

Amelia Earhart,
amerikanische Flugpionierin,
1897–1939

NORMAL IST NICHTS, WONACH MAN STREBEN SOLLTE, SONDERN ETWAS, WOVON MAN SICH FERNHALTEN SOLLTE.

Jodie Foster,
US-amerikanische Schauspielerin,
geb. 1962

Wir müssen unsere eigene Wahrnehmung davon, wie wir uns selbst sehen, NEU gestalten. Wir müssen als Frauen Verantwortung über-nehmen und die Führung ÜBERNEHMEN.

Beyoncé,
US-amerikanische R&B- und Pop-Sängerin, geb. 1981

GEHE MIT DIR SELBST KEINE KOMPROMISSE EIN. DU BIST ALLES, WAS DU HAST.

Janis Joplin,
US-amerikanische Rock- und Bluessängerin, 1943–1970

DIE FRAU HAT JAHRHUNDERTE LANG ALS LUPE GEDIENT, WELCHE DIE MAGISCHE UND KÖSTLICHE FÄHIGKEIT BESASS, DEN MANN DOPPELT SO GROSS ZU ZEIGEN, WIE ER VON NATUR AUS IST.

Virginia Woolf,
britische Schriftstellerin
und Verlegerin, 1882–1941

Eines der **GEHEIMNISSE**,
um jung zu bleiben,
besteht darin, immer
Dinge zu tun, von
denen du nicht weißt,
wie man sie macht,
um weiter zu lernen.

Ruth Reichl,
US-amerikanische
Spitzenköchin, geb. 1948

VIELE LEUTE HABEN ANGST DAVOR ZU SAGEN, WAS SIE WOLLEN. DAS IST DER GRUND, WARUM SIE NICHT BEKOMMEN, WAS SIE WOLLEN.

Madonna,
US-amerikanische Sängerin,
geb. 1958

JA, ICH WERDE MICH WEITERHIN UNMÖGLICH BENEHMEN!

Amy Winehouse,
britische Soul- und Jazzsängerin,
1983–2011

Fantasie ist der **VERSUCHSBALLON**, *den man am allerhöchsten steigen lassen kann.*

Lauren Bacall,
US-amerikanische Schauspielerin,
1924–2014

SIEGER SPIELEN EINFACH WEITER, BIS SIE ERFOLGREICH SIND.

Billie Jean King,
US-amerikanische Tennisspielerin,
geb. 1943

Ich möchte, dass jedes kleine Mädchen, dem gesagt wird, dass es HERRISCH *ist, stattdessen gesagt bekommt, dass es Führungsqualitäten hat.*

Sheryl Sandberg,
US-amerikanische Geschäftsfrau,
geb. 1969

WIR BRAUCHEN VOR ALLEM FANTASIE IN DER WISSENSCHAFT. ES IST NICHT ALLES MATHEMATIK ODER LOGIK, JEDOCH IMMER VOLLER SCHÖNHEIT UND POESIE.

Maria Mitchell,
amerikanische Astronomin und
Vorkämpferin für Frauenrechte,
1818–1889

MUT *brüllt nicht immer nur. Mut kann auch die leise Stimme am Ende des Tages sein, die sagt:*
MORGEN VERSUCHE ICH ES NOCH MAL.

Mary Anne Radmacher,
US-amerikanische Schriftstellerin,
geb. 1957

GIB NIEMALS AUF,
FÜR DAS ZU KÄMPFEN, WAS
DU TUN WILLST. MIT ETWAS,
WO LEIDENSCHAFT UND
INSPIRATION IST, KANN
MAN NICHT FALSCHLIEGEN.

Ella Fitzgerald,
afroamerikanische Jazz-Sängerin,
1917–1996

Ich frage mich manchmal, ob Männer und Frauen wirklich zueinanderpassen. Vielleicht sollten sie einfach nebeneinanderwohnen und sich nur ab und zu besuchen.

Katharine Hepburn,
US-amerikanische Schauspielerin,
1907–2003